AF348109

CONGRÈS DE LA PAIX

1843.

CONGRÈS DE LA PAIX.

1843.

La pensée de réunir en congrès tous les amis de la Paix, fut exprimée, pour la première fois, en Amérique, dans une réunion tenue à Boston le 29 juillet 1841. Un grand nombre réuni des membres les plus actifs de la Société américaine, pensèrent qu'il serait utile de provoquer à Londres une assemblée dans le but de délibérer *sur les mesures propres à assurer une Paix universelle à toutes les nations du monde.* Ce projet fut adopté à l'unanimité. On émit le vœu de voir les amis d'une aussi belle cause correspondre et s'entendre à ce sujet ; les résolutions prises à Boston furent communiquées à la Société de la Paix de Londres, qui les prit en considération le 15 septembre 1841, et les adopta par une délibération du même jour. En conséquence, une correspondance aussi active qu'étendue eut lieu à ce sujet. Les amis de la paix furent convoqués à Londres, et le 14 mai 1842, environ soixante-dix personnes, parmi lesquelles on comptait plusieurs membres du parlement anglais et des ecclésiastiques de divers cultes, se réunirent pour fixer les bases d'un Congrès de la Paix. A l'unanimité on reconnut l'utilité d'une telle assemblée, composée de personnes de tous les pays, réunies pour délibérer sur les meilleurs moyens à prendre, *afin de faire connaître au monde quels sont les maux de la guerre, et travailler à l'établissement d'une Paix universelle et permanente.* Par suite de ce vote, la réunion du Congrès fut fixée au mois de juin suivant ; on arrêta qu'elle aurait lieu à Londres, après l'assemblée tenue en faveur de l'abolition de la traite des noirs.

Le principe qui a présidé à la formation du Congrès, c'est que *la guerre est contraire à l'esprit du christianisme et aux véritables intérêts de l'homme.*

Le but qu'il s'est proposé, ainsi qu'il a été dit dans la séance du 14 mai 1842, est, avec la bénédiction de Dieu, de délibérer *sur les moyens les plus propres à montrer au monde quels sont les maux inévitables de la guerre, et les bienfaits d'une Paix universelle et permanente.*

Ce but est développé dans l'extrait suivant d'un document lu à l'ouverture de la première séance du Congrès, par l'un des secrétaires de la Société de la Paix de Londres. C'est un sujet des plus intéressants et des plus importants de délibération pour une grande assemblée. On ne peut l'aborder qu'avec recueillement et gravité. Il appelle l'intérêt général, et fait sentir la nécessité d'une confiance absolue en la grâce de Dieu, sans le secours duquel les délibérations seraient vaines et sans fruit. Les principes pacifiques du christianisme sont encore mal compris par un trop grand nombre de disciples de Jésus ; ils sont aussi trop faiblement soutenus et trop peu propagés par les chrétiens mêmes qui les ont adoptés. Il appartient au Congrès de la Paix de faire ressortir ces principes, et d'employer tous les moyens par lesquels ils peuvent être propagés et mis en pratique. Il entre dans les obligations imposées par le christianisme d'éclairer l'esprit des peuples. Il doit employer la force de l'opinion publique à inspirer à ceux qui gouvernent les nations, l'horreur de la guerre et l'amour de la paix. Sans contredit, la guerre est l'un des plus grands fléaux de l'humanité ; on ne peut envisager de sang-froid les horreurs d'un champ de bataille ; tout le système militaire a une tendance avilissante et démoralisante ; enfin, le sacrifice prémédité de tant de vies humaines perdues dans les combats, constitue une somme de crimes qu'il est impossible d'apprécier. Et que dire de la guerre au nom de Jésus, sans parler des obstacles qu'elle met à l'avancement de son règne dans le monde, et de l'encouragement qu'elle donne aux sophismes de l'incrédulité ? Ah! c'est une chose trop sérieuse pour qu'elle ne devienne pas le sujet de la plus grande attention. Voilà le *mal* que nous déplorons, que nous réprouvons. Nous sommes réunis pour le signaler au monde, ainsi que pour chercher les moyens propres à le guérir. Ici, nous ne pouvons nous servir de la *violence ;* notre cause ne l'exige pas, notre religion nous le défend. *Les fruits de la justice se sèment dans la paix, pour ceux qui aiment la paix!* car la colère de l'homme n'accomplit pas la justice de Dieu. Notre *arme* unique, c'est la vérité; notre seule *autorité*, c'est l'Évangile de notre Sauveur; notre devise, *paix sur la terre, bienveillance envers les hommes;* notre caractère, la douceur et l'humilité chrétiennes. Les efforts de l'homme ne sont que faiblesse; mais nous pouvons toutes choses avec l'aide de Dieu : il est notre force, il est notre haute retraite, et nous voulons délibérer et agir selon sa crainte.

Les statuts du Congrès furent arrêtés sur ces bases, et les délégués réunis entrèrent en fonctions conformément au règlement suivant :

Sont membres du Congrès de la Paix :

1° Les membres du Comité de la Société de la Paix de Londres ;

2° Les personnes nommées par les Sociétés et Associations de la Paix, dans ce pays et à l'étranger ;

3° Les personnes nommées par les corps ecclésiastiques et

les sociétés religieuses , philanthropiques, scientifiques et littéraires ;

4° Les personnes nommées dans les réunions publiques des villes ou districts, convoquées dans ce but particulier;

5° Les personnes désignées par le Comité de la Société de la Paix de Londres.

Les délégués ainsi nommés furent au nombre de 345 , savoir : 292 du Royaume-Uni de la Grande-Bretagne et de l'Irlande, 37 des États-Unis d'Amérique, et 6 du continent d'Europe. Il y eut en moyenne 150 assistants aux séances du Congrès, sans compter les visiteurs des deux sexes.

PRINCIPALES RÉSOLUTIONS

ADOPTÉES PAR LE CONGRÈS DE LA PAIX , RÉUNI A LONDRES , DANS LES SÉANCES DES 22 , 23 ET 24 JUIN 1843.

1re RÉSOLUTION. — *Sur les guerres d'Orient.* — Les dernières guerres contre la Chine, l'Afghanistan et le Scinde sont, dans l'opinion du Congrès, de graves violations de la justice et de la charité chrétienne, et entièrement opposées à la propagation des vérités de l'Évangile, dans ces contrées païennes ; elles tendent à déprécier, dans l'opinion publique de tous les pays, le caractère et l'influence de l'Angleterre. Une copie de cette résolution sera transmise aux membres du Parlement et au Gouvernement anglais.

2e RÉSOLUTION. — *Concernant le mémoire préparé par le révérend John Burnet, sur les maux dominants de la guerre, etc.* — Cet ouvrage sera imprimé avec le nom de son auteur, dès que celui-ci aura eu égard aux observations qui lui ont été faites par les délégués : il demeure seul responsable de ses opinions.

3ᵉ Résolution. — *Sur les documents statistiques lus par MM. John Allen et George Wood.* — Ces documents seront imprimés comme faisant partie des travaux du Congrès.

4ᵉ Résolution. — *Sur le commerce de l'opium avec la Chine.* — Il est très-désirable que la paix avec la Chine soit conservée, puisque, sous la direction de la Providence, elle peut être le moyen de répandre les bienfaits du christianisme dans un pays qui comprend le tiers de la population du globe; mais le Congrès est pleinement convaincu que la contrebande de l'opium, faite par les Anglais, irrite beaucoup le Gouvernement et le peuple chinois; il croit que si cette contrebande n'est promptement et efficacement supprimée, toutes les horreurs qui ont caractérisé la dernière guerre pourront se renouveler. C'est donc un devoir pour les délégués du Congrès de faire tous leurs efforts pour arrêter et prévenir un si grand mal.

5ᵉ Résolution. — *Sur l'emploi des publications périodiques.* — Le Congrès recommande aux amis de la Paix de favoriser, dans les journaux de tous les pays, la publication des écrits en faveur des principes pacifiques, aussi bien que des traités, circulaires, prospectus, etc., tendant à ce but; ces écrits surtout doivent être répandus parmi les classes pauvres, aussi abondamment que possible; il est bien aussi d'encourager ceux qui les publient.

6ᵉ Résolution. — *Sur le journal qu'on a le projet de publier à Paris.* — Le Congrès apprend avec joie le projet formé par quelques amis de la Paix, résidant à Paris, de publier un journal dont le but est d'exposer et de défendre les principes de la Société de la Paix, savoir, que la guerre est contraire à l'esprit du christianisme et aux vrais intérêts de l'humanité, etc. Le Congrès pense qu'un tel journal, s'il est encouragé et soutenu, sera parfaitement propre, avec la bénédiction divine, à avancer l'œuvre que se propose la Société de la Paix.

7e Résolution. — *Sur l'adresse du docteur Pye Smith aux ministres, etc.* — Cette adresse, telle qu'elle a été présentée au Comité, est acceptée. Elle sera imprimée comme faisant partie des travaux du Congrès.

8e Résolution. — *Sur l'adresse aux gouvernements civilisés du monde.* — La circulaire suivante leur sera transmise.

LES DÉLÉGUÉS NOMMÉS PAR TOUTES LES NATIONS POUR REPRÉSENTER LES AMIS DE LA PAIX AU CONGRÈS RÉUNI A LONDRES LE 22 JUIN 1843, AUX GOUVERNEMENTS DU MONDE CIVILISÉ.

« C'est une chose en elle-même directement opposée, non-seulement à la religion chrétienne, mais aux droits de l'humanité, que des créatures raisonnables, douées d'une ame immortelle, soient systématiquement élevées pour s'entre-tuer ; il n'y a que la dépravation naturelle du cœur, la force de l'éducation et la longue habitude de la guerre qui aient pu enfanter un aussi monstrueux système.

« Sous le profond sentiment des maux qu'entraîne la guerre, le Congrès reconnaît toute la responsabilité qui pèse sur les chefs préposés à la direction du conseil des nations, et s'adresse à eux pour les engager à adopter les mesures les plus efficaces pour réprimer et prévenir le retour de ce terrible fléau de l'espèce humaine.

« Le Congrès est d'avis qu'un des meilleurs moyens d'éviter le retour de la guerre est de reconnaître le *principe de l'arbitrage*, et d'introduire dans tous les traités entre les nations une clause par laquelle elles s'engageraient à remettre tous les différends qui pourraient s'élever entre les gouvernements, à l'intervention d'une puissance amie pour les concilier sans avoir recours aux armes. Le Congrès recommande l'adoption de cette mesure.

« Le Congrès, animé d'un sentiment de charité chrétienne, invite tous ceux qui sont élevés en autorité, à favoriser et à avancer la paix sur la terre et la bonne volonté envers les hommes. Il est pleinement convaincu qu'une telle conduite sera abondamment bénie de celui par lequel règnent les rois, et par lequel les princes administrent la justice.

« Signé au nom du Congrès.

« CHARLES HINDLEY, *Président.* »

9ᵉ RÉSOLUTION.—*Sur le document lu par M. H. J. I. Macnamara, et sur les moyens de répandre les principes pacifiques.* — Ce document est adopté et sera envoyé au Comité de la Société de la Paix pour l'imprimer en tout ou en partie, comme il le jugera le plus convenable pour le bien de la cause. Pour réaliser les mesures qui y sont indiquées, et celles qui ont été proposées et développées par d'autres membres du Congrès, relativement aux moyens à mettre en œuvre dans ce pays pour avancer la cause de la Paix, le Comité de la Société de la Paix de Londres sera chargé de les mettre à exécution le plus tôt possible. Il est en conséquence résolu :

1º Que le Congrès recommande fortement à tous les gouvernements, assemblées législatives, et à tous les fonctionnaires publics, l'adoption du *principe de l'arbitrage* pour traiter à l'amiable les différends qui peuvent s'élever entre nations, et la stipulation, dans tous les traités, que ce mode d'arrangement serait adopté, afin d'éviter toute guerre entre les gouvernements qui consentiraient à se soumettre à ce mode de transaction.

2º Que tout en recommandant le plan proposé par M. le juge Jay, en faveur d'un *arbitrage* pour prévenir la guerre, le Congrès n'en approuve pas moins le projet proposé par feu

M. William Ladd, qui consiste à former un Congrès des nations pour arrêter et perfectionner un code de lois entre elles,
et une haute cour des nations, interprète de ces lois, ayant
droit de les appliquer dans toutes les querelles qui pourraient
avoir lieu entre les gouvernements. C'est ce que les amis de
la Paix ne doivent jamais perdre de vue, et ce qu'ils doivent
s'efforcer de faire adopter comme moyen de conciliation propre à arranger les différends des nations d'une manière pai-
sible et satisfaisante.

3° Que le Congrès, persuadé que le temps est venu de re-
doubler d'efforts pour étendre parmi les peuples les divins principes de la paix universelle, recommande chaudement à ses
amis, dans toutes les parties du monde, mais plus particuliè-
rement en France, en Amérique et en Angleterre, de prendre
immédiatement les mesures les plus convenables pour faire
connaître et propager les principes pacifiques dans toutes les
classes de la Société, mais surtout dans les classes laborieuses,
ce moyen étant le plus sûr pour rendre l'opinion publique favorable à la paix et empêcher le retour de la guerre dans le
monde civilisé.

4° Que, s'il se manifeste des symptômes de guerre dans les
contrées auxquelles appartiennent les membres du Congrès,
les Comités des différentes Sociétés de la Paix en appellent
à leurs amis, pour réveiller l'attention publique sur ce sujet;
et, sans attendre que la guerre soit déclarée, indépendamment
de toutes considérations politiques, protestent énergiquement
contre tout projet de guerre, quels qu'en soient les motifs,
agissant dans cette circonstance de la manière la plus propre
à assurer la conservation de la Paix.

5° Que les Sociétés de la Paix seront invitées à diriger les
efforts de leurs agents, de manière à ce qu'ils ne se contentent
pas de faire des discours publics en faveur de l'œuvre qu'ils ont
entreprise, mais qu'ils travaillent à organiser des associations
dans tout le pays, en les divisant en associations de comtés
et de districts; dans la persuasion que, parmi les membres

de ces associations, il se trouvera suffisamment de gens de talent et de zèle pour encourager les réunions publiques dans chaque localité sans un secours étranger ; et que, par ce moyen, il se formera peu à peu, dans les petites villes et même dans les bourgs, des associations qui se rattacheront comme *branches* à la Société mère de la Paix.

6° Qu'il sera recommandé à toutes les Sociétés nationales de a Paix, de faire sentir aux associations des districts auxiliaires l'importance de répandre la connaissance des principes pacifiques au moyen des journaux locaux, de les introduire autant que possible dans les écoles publiques et établissements industriels, et surtout de favoriser la formation de Sociétés et Associations de la Paix parmi les classes ouvrières, d'où sortent, en majeure partie, les soldats et les marins.

7° Le Congrès, pénétré de la haute importance qui s'attache à ce que l'esprit de la jeunesse soit imbu des principes pacifiques, pense que les écoles qui se tiennent le dimanche ou pendant la semaine, et les autres établissements d'instruction publique offrent un moyen favorable pour atteindre ce but ; qu'il recommande au Comité de la Société de la Paix de Londres et aux autres Sociétés, de préparer une adresse propre aux enfants, sur ce sujet important et intéressant, de faire circuler parmi eux soit des traités, soit des livres propres à les instruire et à fixer leur attention.

8° Que le Congrès envisage comme une des meilleures garanties de la Paix entre les nations, la mutuelle dépendance, qui résulte entre elles d'un échange libre, et sans restriction aucune, des productions naturelles de leurs sols respectifs ou des produits de leur industrie.

9° Que puisque l'intempérance est, sous plusieurs rapports, une des principales causes de la violation de la paix, le Congrès engage fortement toutes les classes de la société à employer leur influence et leurs moyens d'action à répandre le

plus possible les principes et la pratique de la vraie tempé-
rance.

10e Résolution.— *Sur l'éducation des enfants pour le ser-
vice militaire.*—Ce Longrès, formé de personnes de différents
pays, réunies pour délibérer, sous la protection de Dieu, sur
les meilleurs moyens à prendre pour maintenir et propager la
paix universelle, décide : *que les écoles militaires, collèges
et autres institutions établies dans le but d'élever la jeunesse
dans la science militaire et dans l'usage des armes, sont con-
traires à l'esprit du christianisme ;* que diriger les nobles fa-
cultés dont l'homme a été doué par la Divinité et les cultiver
dans le but de rendre les hommes plus savants dans l'art de la
guerre, c'est faire précisément l'opposé de ce que Notre-Sei-
gneur Jésus–Christ s'est proposé en venant dans le monde, et
renverser le plan de sa divine mission. Le Congrès, animé
des sentiments de cette charité qui veut le plus grand bien
de tous les hommes, demande aux parents qui permettent
que leurs enfants soient élevés dans les écoles militaires pour
y apprendre la science et l'art de la guerre, ou qui sont placés
jeunes encore à bord des vaisseaux de guerre pour y être
exercés dans la pratique et l'usage des instruments de mort,
propres à détruire en aussi grand nombre possible tant de
créatures humaines, demande si une telle conduite est digne
de parents chrétiens, et si elle n'est pas contraire aux principes et aux préceptes de notre religion.

11e Résolution. — *Sur la fabrication et la vente des armes.* — Le Congrès, s'étant assemblé dans le but de délibérer
sur les meilleurs moyens à prendre, avec la bénédiction divine, pour exposer quels sont les maux de la guerre, et pour
établir entre les nations une paix universelle et permanente,
se trouve encouragé dans l'accomplissement de ce dessein
par la croyance que celui *qui est venu, non pour détruire la
vie des hommes, mais pour les sauver,* daignera employer ses
serviteurs comme des *instruments* propres à faire arriver le
jour où les peuples changeront leurs lances en socs de char-

rue et leurs épées en faucilles. Ce Congrès demande, en conséquence, affectueusement à tous les chrétiens de tous les pays,
s'il n'est pas contraire à leur vocation sainte et divine de se
livrer à la fabrication et à la vente des armes, au commerce
de tout ce qui se rapporte aux objets matériels de la guerre,
et si, en agissant ainsi, ils n'empêchent pas, autant qu'il est
en leur pouvoir de le faire, l'arrivée de ce jour où la guerre
cessera d'un bout de la terre à l'autre; enfin, si leur conduite
ne les rend pas indignes et incapables de travailler, avec toutes les nations du monde, à l'avancement du règne de Notre-
Seigneur Jésus-Christ, le prince de la paix !

12ᵉ Résolution. — *Sur le mémoire de M. J.-P. Blanchard, sur les préparatifs de la guerre, etc.* — Le mémoire ci-
dessous de M. Blanchard, sur les préparatifs de la guerre, est
renvoyé au Comité pour être publié avec le nom de l'auteur,
comme les autres documents. Le Congrès est convaincu que
les préparatifs de la guerre, en tant qu'ils favorisent la guerre
elle-même, doivent être blâmés par tous les amis de la
paix.

13ᵉ Résolution. — *Sur la tenue d'une seconde réunion du
Congrès.* — La Société de la Paix de Londres est autorisée,
par le Congrès, à faire connaître le jour et le lieu d'une nouvelle réunion d'un Congrès de la Paix. Elle correspondra,
dans ce but, avec les différentes associations établies en Europe
et en Amérique.

14ᵉ Résolution. — *Sur les livres, papiers, mémoires, etc.*
— Les livres, papiers, documents et correspondances apparte-
nant au Congrès seront, à la fin des séances, confiés à la
garde du Comité de la Société de la Paix de Londres, jusqu'à
l'époque de la réunion d'un nouveau Congrès, qui pourra
les réclamer et en faire tel usage qu'il jugera convenable.

15ᵉ ᴇᴛ ᴅᴇʀɴɪᴇ̀ʀᴇ Résolution. — Arrivé à la fin de ses im-
portantes délibérations, le Congrès témoigne à Dieu sa vive gra-
titude, pour l'union et la bonne harmonie qui ont présidé et

régné dans toutes ses séances : les membres du Congrès, en se séparant les uns des autres, se recommandent mutuellement, ainsi que la grande cause qu'ils ont embrassée, à la bénédiction du Seigneur !

(Traduit de l'anglais.)

IMPRIMERIE DE A. HENRY, RUE GIT-LE-COEUR, 8.

SOCIÉTÉ DE LA PAIX

FONDÉE A LONDRES, EN 1816.

Président, M. Charles HINDLEY, membre du Parlement.

Vice-Présidents, { M. J. J. GURNEY. / M. LEE, docteur en droit. / M. G. W. ALEXANDER. }

Trésorier. M. SAMUEL GURNEY.

Secrétaires, { M. HARGREAVES, pasteur. / M. JEFFERSON, pasteur. }

Secrétaire assistant, M. Alexandre BROCKWAY.

Secrétaire pour l'étranger, M. RIGAUD.

MEMBRES HONORAIRES.

M. BECKWITH, pasteur, secrétaire de la Société de la Paix des États-Unis.

M. le marquis de LAROCHEFOUCAULD-LIANCOURT, président honoraire de la Société de la Morale-Chrétienne, à Paris.

M. VILLENAVE père, président de la Société de la Morale Chrétienne, à Paris.

Madame la comtesse de SELLON, à Genève.

Siège de la Société, 19, NEW BROAD STREET, à Londres.

1844

Le but de la Société est d'avancer et d'obtenir le bienfait d'une paix universelle et permanente. Pour l'atteindre, elle se proposer de démontrer : *que non-seulement toute guerre fait violence aux sentiments de l'humanité, mais encore qu'elle est complètement opposée à la vraie prospérité des peuples et au bonheur de l'homme; qu'elle est, de plus, entièrement en contradiction avec l'esprit et les préceptes du christianisme.* La Société s'efforcera de faire connaître les moyens de conciliation les plus propres à terminer les différends qui pourraient s'élever entre nations, afin d'établir une paix universelle et permanente sans avoir recours aux armes. La Société ne se joint à aucun parti politique et ne s'occupe d'aucun des points qui divisent les différentes branches de la famille chrétienne ; mais elle invite à l'union et à la coopération à son œuvre, tous ceux qui, sur les principes du christianisme, cherchent à faire régner la paix sur la terre.

Lorsqu'après de longues guerres, l'Europe commençait à goûter un intervalle de repos et à jouir d'une paix générale, plusieurs hommes éclairés et philanthropes de divers pays saisirent cette occasion pour présenter aux peuples le tableau sanglant des maux de la guerre, convaincus *qu'elle est incompatible avec les principes et les préceptes pacifiques du christianisme qui nous ordonne d'aimer nos ennemis.* Ces hommes de bien, pour travailler à rendre la paix universelle et permanente, étaient soutenus et encouragés par la parole de Jésus-Christ, qui a dit : « *Heureux ceux qui procurent la paix, car ils seront appelés enfants de Dieu.* »

Telle fut, en 1815, l'origine des Sociétés de la Paix. La première de toutes fut créée à New-York dans le courant de cette même année, et bientôt des Sociétés analogues s'organisèrent dans presque toutes les grandes villes des États-Unis. Celle de Londres fut fondée le 14 juin 1816. Elle a depuis constitué plusieurs associations auxiliaires en Angleterre, dans le pays de Galles, en Écosse et en Irlande. Il est à remarquer que, vers la même époque, et sans avoir eu entre eux aucune conférence sur cet important sujet, les esprits en furent saisis en Amérique aussi bien qu'en Angleterre.

Sur le continent d'Europe, la Société de la Paix de Genève fut la première constituée. Elle dut son existence au comte de Sellon, dont le nom se trouve associé à tout ce qui est bon, utile, généreux.

A Paris, la formation d'un Comité de la Paix eut lieu au sein de la Société de la Morale chrétienne, le 24 mars 1841, par l'intermédiaire de M. Rigaud, délégué de la Société de la Paix de Londres, qui demandait au nouveau Comité de s'unir à elle pour travailler ensemble à l'avancement des saints principes d'une paix universelle et permanente. Dès ce jour, la Société de la Morale chrétienne ne put rester neutre dans une question qu'elle avait soulevée depuis vingt ans.

En 1843, il s'est formé des Sociétés de la Paix à Bruxelles et à Mons. Elles sont constituées sur les mêmes principes que la Société de Londres, leur aînée et correspondante.

Le 7 mai 1844, une Société nouvelle s'est constituée sous le nom de : *Société de la Paix de Paris.* Dès le début, cinquante personnes ont signé les statuts et posé en principe : *que la guerre est contraire à l'esprit du christianisme, aux véritables intérêts des nations, au bonheur des individus.*

La Société se propose, comme celle de Londres, *de travailler à l'avancement d'une paix universelle et permanente.* Une correspondance intime s'est déjà établie entre ces deux Sociétés par l'intermédiaire de M. Rigaud, qui a assisté à la formation de la Société de la Paix de Paris. Le siège de son administration est n° 8, rue de la Chaise, au *bureau du journal La Paix des Deux Mondes.*

Les Sociétés de la Paix fondées en Europe et en Amérique ont déjà publié divers écrits propres à répandre leurs principes. Celle de Londres a fondé un journal trimestriel, qui paraît en janvier, avril, juillet et octobre, *Le Héraut de la Paix (Herald of Peace).* Indépendamment de cela, plusieurs concours ont été ouverts. Mais la Société de la Paix de Genève eut l'honneur de marcher la première dans cette belle carrière, en décernant le prix d'un concours, ouvert par son fondateur et président, le comte de Sellon, à l'ouvrage : *Sur les meilleurs moyens de procurer une paix universelle et permanente.* Un grand nombre de mémoires écrits en plusieurs langues répondirent à cet appel, et celui du docteur Sartorius, professeur à l'Université de Zurich, fut couronné par la Société de la Paix de Genève en 1836.

La Société de la Paix d'Amérique partagea, entre cinq candidats, un prix de 1,000 dollars, mis également au concours sur ce sujet : *D'un congrès des nations pour régler les différends entre les peuples sans avoir recours aux armes.*

La Société de la Paix de Londres décerna également un prix de 100 guinées au meilleur mémoire sur cette question : *D'une paix universelle et permanente.* Ce prix fut remporté, en 1841, par M. Macnamara, sur vingt-quatre concurrents.

En 1842, la Société de la Morale chrétienne décerna un prix de 1,000 francs, dont la Société de Londres avait fait les fonds. La question à résoudre était celle-ci : *Exposer les moyens d'avancer et d'obtenir le bienfait d'une paix universelle et permanente.* Ce prix fut partagé. Les auteurs couronnés furent **MM.** Charles Pecqueur et Bazan.

Tous ces ouvrages ont été publiés.

Les diverses Sociétés de la paix constituées dans les deux hémisphères, entretiennent entre elles des rapports de correspondance pour s'encourager fraternellement à persévérer dans la carrière qui s'ouvre devant elles. Toutes s'entendent sur le principe et marchent sous l'étendard du Prince de la Paix, appelant à elles les chrétiens et les philanthropes de tous les pays pour coopérer à leur œuvre. Mutuellement, elles s'encouragent dans cette pieuse tâche, sachant bien que la cause qu'elles soutiennent est destinée à triompher de tous les obstacles ; car le Seigneur l'a dit : « *On ne nuira point et on ne fera aucun dommage à personne sur toute la montagne de ma sainteté, car la terre sera remplie de la connaissance de l'Éternel, comme le fond de la mer des eaux qui le couvrent.* » Alors : « *Les hommes forgeront leurs épées en hoyaux et leurs hallebardes en serpes ; une nation ne lèvera plus l'épée contre une autre nation, et ils ne s'adonneront plus à faire la guerre.* »

Un Congrès de la Paix , composé de délégués d'Europe et d'Amérique, s'est réuni à Londres, en assemblée générale, le **22** juin **1843**. M. Charles Hindley, membre du Parlement, l'a présidé. Les vice-présidents étaient MM. Brotherton, membre du Parlement, le marquis de La Rochefoucauld-Liancourt, Député, le docteur Cock, Tappan, Walker, des États-Unis, et Joseph Sturge. Dans ce Congrès, on a adopté, à l'unanimité, la proposition d'une adresse à tous les Gouvernements civilisés, pour les prier d'introduire dans tous leurs traités une clause par laquelle ils s'engageront, en cas de dissentiment, à s'en rapporter à la médiation d'une ou plusieurs Puissances amies.

Imprimerie de A. Henry, rue Gît-le-Cœur 8.